GÖREVLERIMI YAPIYORUM

~ Sorumluluk ~

Timaş Çocuk

Proje Danışmanı

Prof. Dr. Mehmet Zeki AYDIN

1959 yılında Konya/Çumra'da doğdu. Yükseköğrenimini Ankara'da tamamladı. Hâlen Sivas Cumhuriyet Üniversitesi İlâhiyat Fakültesinde akademisyen olarak görevine devam eden Mehmet Zeki Aydın, ailede çocuk eğitimi, aile içi iletişim vb. konularda seminerler vermektedir.

Yazarlar

Nuray TÜRKYILMAZ

1977 yılında İnegöl'de doğdu. Yükseköğrenimini İzmir'de tamamladı. Eğitim ve psikoloji alanında özel eğitimlere katıldı. Hâlen Üsküdar Belediyesi bünyesinde 8–13 yaş grubu çocuklarla erdem eğitimi üzerine çalışmaktadır.

Rukiye KARAKÖSE

1977 yılında İstanbul'da doğdu. Yükseköğrenimini İstanbul'da tamamladı. Hâlen İstanbul Kültür Üniversitesinde ikinci lisans öğrenimini sürdürmektedir. Transpersonal Psikoloji eğitimi alan yazar, psikolojik danışman olarak çalışmakta ve alanıyla ilgili seminerler vermektedir.

Necla SAYDAM

1970 yılında Karabük'te doğdu. Yükseköğrenimini İstanbul'da tamamladı. Eğitim ve davranış bilimleri; ayrıca Mesnevî üzerine araştırmalar yapmakta olan yazar, aile ve eğitimle ilgili seminerler vermektedir.

Saadet KOCAGÖZ UZUN

1980 yılında Gümüşhane'de doğdu. Hâlen yükseköğrenimine İstanbul'da devam etmekte olan yazar, aile ve eğitimle ilgili seminerler vermektedir. Erdem eğitimi alanında araştırmalar yapmaktadır.

Vahide ULUSOY

1984 yılında İstanbul'da doğdu. Yükseköğrenimini İstanbul'da tamamladı. Psikolojik danışmanlık ve rehberlik eğitimi de alan yazar, ergen gruplarıyla 'erdem eğitimi' çalışmaları yürütmektedir. Alanıyla ilgili seminerler vermektedir.

ERDEMLER

GÖREVLERİMİ YAPIYORUM

Resimleyen: Süleyman Özkonuk

Yayın Yönetmeni: Emine Eroğlu
Proje Editörü: Seval Akbıyık
Editör: Nefise Atçakarlar - Şebnem Kanoğlu
Kapak Tasarım: Sefer Koçan
İç Tasarım: Ravza Kızıltuğ

Baskı ve Cilt: Pasifik Ofset
Tel: 0212 412 17 77

2009

Alayköşkü Cad. Nu:11 34410 Cağaloğlu - İstanbul
Tel: 0212 511 24 24 Belgegeçer: 0212 512 40 00
www.timas.com.tr

Bu Kitabın Sahibi:

....
....

TİMAŞ ÇOCUK

İlköğretim Programında Yer Alan Kazanımlar

Bu Kitabın Okuru,

- Yapacağı işleri öncelik ve önem sırasına koyarak günlük ve haftalık çalışma planları yapar. Yaptığı planlara uyar.
- Okula niçin hazırlıklı gelinmesi gerektiğini açıklar.
- Kişisel olarak gelişimine uygun amaçlar belirleyerek bu amaçlara ulaşmak için izleyeceği aşamaları planlar.
- İnsanların mutluluğunun, bireylerin aile içerisinde ve ülke genelinde üzerlerine düşen görev ve sorumlulukları yerine getirmelerine bağlı olduğunu kavrar.
- Kulüp ve diğer grup çalışmalarında bir görevin tamamlanması için işbirliği yapar ve sorumluluğu paylaşır.
- Sınıfını, okulunu ve çevresini temiz tutmak ve korumak için sorumluluk alır.
- Başkalarının eşyalarını izin alarak kullanır ve bu eşyalara zarar vermez.

İlköğretim Programında Yer Alan Kavramlar

• Sorumluluk • Plan • Program • Görev • Ödev • Grup • İş birliği • İş bölümü • Başarı • Huzur • Güven • İhmalkârlık • Ertelemek • Dağınık-toplu • Ödünç almak • Unutmak • Yardım • Trafik • Canlı-cansız • Çevre • Yuva • Meslek • Bugün • Yarın • Önce-sonra • Kural • Eğlenme

İÇİNDEKİLER

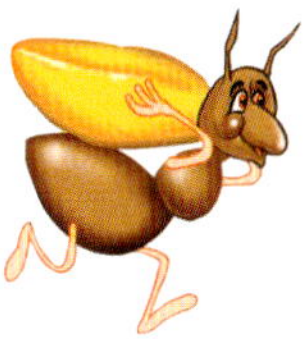

BOŞ GAZETE

Metin'in öğretmeni Nevin Hanım, o hafta öğrencilerine iş bölümü yapmanın önemini kavratmak istiyormuş. Sorumluluklarını yerine getirmeyi öğretmeyi planlıyormuş. Bunun için derste öğrencilerinden gruplar oluşturmalarını istemiş. Her grup bir sınıf gazetesi hazırlayacakmış.

Metin, dersten sonra öğretmeninin yanına gitmiş. Sınıf gazetesini tek başına çıkarmak istediğini söylemiş. Gazete için neler hazırlaması gerektiğini sormuş. Öğretmeni şöyle ce-

vap vermiş: "Metinciğim, sınıf gazetesinde resimler, şiirler, öyküler ve haberler yer alabilir. Bunlar tek bir konuyla ilgili olursa daha güzel olur. Fakat hepsini bir kişinin toplayıp düzenlemesi çok zor. Bu nedenle gazeteyi arkadaşlarınla iş bölümü yaparak hazırlarsan daha rahat edersin."

Fakat Metin, bütün işi tek başına yapabileceğine inanıyormuş. "Ben hallederim öğretmenim." diyerek evinin yolunu tutmuş. Akşam, yapacağı işleri bir kâğıda yazmış. Kâğıdı da dolabının üzerine yapıştırmış.

İçinden "Ne çok işim var!" diye geçirmiş. Öyle ya! Sınıftaki panonun tamamını doldurması gerekiyormuş. Bu iş, bir resim bir hikâyeyle olacak gibi değilmiş. Epeyce çalışmak zorundaymış.

O hafta Metin'in çok ödev yapması gerekmiş. Üstelik sınavları da varmış. Bundan ötürü gazete çalışmasına yeterince zaman ayıramamış. Elinde çok az malzeme varmış. Ders yoğunluğu ertesi hafta da devam etmiş.

Metin, hem derslere giriyor hem ödevlerini yetiştirmeye çalışıyormuş. Ayrıca gazete hazırlamak için de çabalıyormuş. Giderek yükünün ağırlaştığını fark etmiş.

Öğretmen ikinci haftanın sonunda sınıf gazetesini sormuş. Metin hazırladığı malzemeleri getirip panoya asmış. Fakat panonun yarısından fazlası boş kalmış. Üstelik gazetede hiç haber yokmuş!

Metin, "Keşke öğretmenimin önerisini dikkate alsaydım." diye düşünmüş. "Arkadaşlarımla iş birliği yapsaydım, gazetede hiçbir şey eksik kalmazdı. Ben de görevimi yapamadığım için üzülmezdim."

Çalınan Bisiklet

Feyza, arkadaşı Gamze'ye "Bisikletine binebilir miyim?" diye sordu. Gamze, "Elbette..." dedi. "Gezdikten sonra bisikletimi bahçemize bırak olur mu? Kilitlemeyi de unutma!" diye tembih etti.

Feyza, "Tamam. Sen merak etme." dedi. Bisiklete binip parkta gezintiye çıktı. Bir süre sonra yoruldu. Bisikleti götürüp Gamzelerin bahçesine bıraktı ama kilitlemedi. Ertesi gün Gamze'nin bisikleti bahçede yoktu...

Arkadaşlar;

Feyza verdiği sözü unuttu, değil mi? Neden unutmuş olabilir sizce? Galiba arkadaşını iyi dinlemedi. Onun sözünü önemsemedi. Oysa arkadaşının kendisinden istediği şeyi yerine getirseydi, bisiklet belki de çalınmayacaktı. İşte biz, verilen görevleri kabul ederek ona uygun davranmaya 'sorumluluk' diyoruz.

Kirli Araba

O gün Salihler gezmeye gideceklerdi. Babası Salih'e "Önce arabayı yıkayalım." dedi. "Ben arabanın içini temizlerim. Sen de dışını..." Baba oğul hemen işe koyuldular.

Biraz sonra babası işini bitirip eve girdi. Salih'in işi henüz bitmemişti. Fakat gezmeye gitmek için sabırsızlanıyordu. Kovadaki suyu arabanın üzerine boşaltıp eve koştu. Az sonra hep beraber dışarı çıktılar. Babası arabayı görünce çok şaşırdı. Çünkü bazı yerler köpüklü kalmış, bazı yerler de çamurlu duruyordu.

Babası, "Salih sence bu araba temizlenmiş mi?" diye sordu. Salih utanarak başını önüne eğdi. "Hayır baba..." dedi.

Arkadaşlar;

Salih arabayı gereği gibi temizleyemedi. Oysa özen gösterseydi, babasıyla yaptıkları iş bölümüne uymuş, böylece sorumluluğunu yerine getirmiş olacaktı.

Bize verilen işleri gerektiği gibi yapma konusundaki çabamız sorumluluk duygusuna sahip olduğumuzu gösterir.

Sorumluluk Sahibi Bir İnsan...

Ödevlerini zamanında yapar.

Odasını, yatağını kendisi toplar.

Evdeki görevlerini bilir ve bunları aksatmaz.

Gideceği yere geç kalmaz. Söz verdiği yere zamanında gider.

Yaptığı hatayı sahiplenir. Özür diler ve hatasını düzeltmeye çalışır.

Grup çalışmalarında üzerine düşen görevleri yerine getirir, çalışmayı aksatmaz.

Sokağa asla çöp atmaz. Sokağın da evimiz gibi temiz tutulması gerektiğini bilir.

Trafik kurallarına uyar.

Kendisini diğer canlılara karşı da sorumlu hisseder. Çevresindeki canlı varlıklara zarar vermez. Aç bir hayvan gördüğünde onu doyurur. Evindeki çiçekleri zamanında sular.

İnsanların ortak kullandığı bank, salıncak gibi araç gereçleri kullanırken özenli davranır. Onları kirletmez, bozmaz.

Gereksiz yanan lambaları söndürür, suyu boşa harcamaz, tutumlu davranır.

DİKEN EKEN ADAM

Adamın biri, kendi arazisinin sınırını belli etmek için yol kenarına dikenli çalı dikmiş. Çalı gün geçtikçe büyüyormuş. Çalı büyür de dikenler durur mu? Onlar da büyüyormuş. Zamanla dikenli çalı yola yayılmaya başlamış. Yol zaten çok darmış. İnsanlar yoldan geçerken zorlanmaya başlamışlar. Dikenler canlarını acıtıyormuş.

Gelip geçenler adama, "Bu çalıyı sök! İnsanları rahatsız ediyor." diyorlarmış. Fakat adam hiç oralı olmuyormuş. Çünkü çalıyı sökmek dikmekten daha zormuş. Bir gün, herkesin saygı duyduğu bilge bir kişi oradan geçerken adama, "Bu dikenli çalıyı mutlaka sök!" diye tembihlemiş.

Adam itiraz etmemiş. "Tamam, mutlaka sökeceğim." demiş. Fakat bu işi durmadan erteliyormuş. Ha bugün, ha yarın, ha ertesi gün derken dikenler gittikçe büyüyüp sertleşiyor, insanların canını daha da acıtıyormuş.

Günler sonra bilgenin yolu yine diken eken adamın evinin yakınına düşmüş. Yoldan geçerken çalıların hâlâ sökülmediğini görmüş. Dikenleri sökmeye üşenen adama şöyle seslenmiş: "Ey sözünde durmayan adam! Sök şu dikenleri. Bu işi erteleyip durma!"

Adam yine itiraz etmemiş. "Efendim, oldukça bol zamanımız var. Bugün olmazsa yarın veya başka bir gün bu işi mutlaka yapacağım." demiş.

Adamın bu sözleri üzerine bilge, "Sen hep yarın diyerek işini erteliyorsun. O dikenler her geçen gün büyüyüp güçleniyor. Oysa senin gücün azalıyor. Bir iş bugüne aitse bugün yapılır. Yarına bırakırsan işler büyür, sorun olmaya başlar. Sorumluluğunu bil, dikenlerin boyu seni aşmadan onları temizle!" demiş.

Sizce Hangisi?

Öğretmeni el işi dersinde Sunay'a 'bahar dalı' yapma görevi vermişti. Bahar dalı hazırlamak için kuru bir dal, patlamış mısır ve sulu boya gerekiyordu. Sunay o gün eve gittiğinde babasına, "Babacığım, yarından sonraki güne yetiştirmem gereken bir ödev var. Yarın eve gelirken patlamış mısır alır mısın?" diye rica etti. Babası, "Tabi kızım, alırım." dedi. Ama ertesi gün mısır almayı unuttu. Bu yüzden Sunay ödevini yapamadı.

Sunay bir sonraki gün okula gittiğinde öğretmenine ödevini yapamadığını söyledi. Bunu duyan öğretmeni kaşlarını çattı ama olanları öğrenince Sunay'a kızmadı.

Arkadaşlar;

Sizce okuduğunuz öyküde sorumluluğunu yerine getirmeyen kim?

a. Sunay
b. Babası
c. Öğretmeni

AĞUSTOS BÖCEĞİ ile KARINCA

Bir zamanlar, karınca ve ağustos böceği komşuymuş. Karınca yaz sabahları erkenden kalkar, çalışmaya başlarmış. Ağustos böceği ise saz çalıp şarkı söylermiş.

Bir gün ağustos böceği şarkı söylerken karıncayla karşılaşmış. Karınca sırtında kocaman bir buğday taşıyormuş. Ağustos böceği karıncaya, "Ne yapıyorsun?" diye sormuş.

Karınca, "Kış için hazırlık yapıyorum" diye cevap vermiş. Ağustos böceği "Şimdi boş ver kışı." diyerek gülmüş, "Bak her yer yemyeşil, ağaçlar lezzetli meyvelerle dolu.

Ye, iç, keyfine bak!"

Karınca şaşırmış, "Hiç öyle şey olur mu? Önümüz kış. Kış gelince kar yağacak, hava soğuyacak. Şimdiden hazırlık yapmak lazım." demiş.

Karınca yaz boyunca çalışıp didinmiş. Bulduğu yiyecekleri yuvasına taşımış. Derken yaz bitmiş, sonbahar geçmiş, kış gelmiş. Hava iyice soğumuş. Lapa lapa kar yağmaya başlamış.

Karınca bu soğuk günlerde sıcacık yuvasında rahat rahat yaşıyormuş. Biriktirdiği yiyeceklerle karnını doyuruyormuş. Ağustos böceği ise neredeyse açlıktan ölecekmiş. Her yer karla örtülü olduğu için yiyecek bir lokma bile

bulamıyormuş. Sonunda dayanamamış, gidip karıncanın kapısını çalmış. Kapıyı açan karınca "Hayrola komşu niye geldin?" diye sormuş.

Ağustos böceği, "Aman, karınca kardeş!" demiş. "Aç kaldım. Senden yiyecek bir şeyler istemeye geldim."

Söz sırası bu kez karıncadaymış. Karınca, "Ben yaz boyunca çalıştım. Madem sen yaz boyunca çaldın saz, kışın da oyna biraz." demiş ve kapıyı kapatmış.

Değerli arkadaşlar;

Bu masalda vaktinde çalışmanın önemi ve tembelliğin sonuçları anlatılmış. Elbette ağustos böceğinin yaz boyu çalışmayıp kışın karıncadan yardım istemesi doğru bir davranış değil. Peki ama karıncanın yaptığına ne demeli? Ağustos böceğine yardım etmemesi güzel bir davranış mı sizce?

Biz sorumluluklarımızı yerine getirip, çalışmalıyız. Ama yardıma muhtaç olanlara da yardım etmeliyiz. Kimseye bizim gibi yapmadığı için kötü davranmamalıyız; değil mi? Bu masalı okurken ya da anlatırken bunları aklımızdan çıkarmayalım.

AĞUSTOS BÖCEĞİ İLE KARINCA ELEŞTİREL OKUMA RAPORU

Masalda ne olmuş?	Sizce ne olmalıydı?
....	....
....	....
....	....
....	....

Şimdi Ne Yapmalıyım?

Erdem ve arkadaşları sahilde deniz kabuğu toplama oyunu oynamayı çok seviyorlardı. En güzel deniz kabuklarını toplayan oyunu kazanmış sayılırdı.

Erdem o gün okuldan geldi. Ertesi güne yetiştirmesi gereken ödevini yapmaya başladı.

Derken arkadaşları kapıyı çaldılar ve deniz kabuğu toplamak için sahile gideceklerini söylediler. Eğer Erdem arkadaşlarıyla sahile giderse ödevini yarına yetiştiremezdi. Ama deniz kenarına gitmek için de can atıyordu.

Arkadaşlar sizce;

- Erdem, arkadaşları kendisini çağırmaya gelince ne hissetmiş olabilir?
- Arkadaşları, Erdem'in ders çalışmak zorunda olduğunu öğrenince ne hissetmiş olabilir?
- Sizce bundan sonra ne olmuştur?

Aşağıdaki seçenekleri okuyarak Erdem'in hangi davranışının hangi sonucu doğurabileceği üzerinde düşünelim.

1. seçenek: Erdem arkadaşlarıyla deniz kenarına giderse ne olur?

2. seçenek: Erdem arkadaşlarıyla gitmeyip ödevini yaparsa ne olur?

1. seçeneği tercih ettiyseniz; Erdem, sahilde arkadaşlarıyla eğlenir. Eve döndüğünde ödevini yetiştirecek kadar zamanı kalmamıştır. Ertesi gün öğretmenine yarım kalmış ödevini verirken çok utanır.

2. seçeneği tercih ettiyseniz; ertesi gün ödevini eksiksiz olarak öğretmenine teslim eder ve bundan mutlu olur.

Şimdi Ne Yapmalıyım?

Esra, Semra ve Aslı bir gün bahçede oynuyorlardı. Semra, annesine yardım etmek için eve gitmesi gerektiğini söyledi. Semra'nın annesi terziydi ve ertesi güne hazırlanması gereken elbiseler vardı. Semra dikilen elbiselerin iplerini temizleyecekti.

Esra ve Aslı, "Biz sana yardım ederiz. Haydi biraz daha oynayalım." dediler. Oyunları bittikten sonra da Semralara gittiler. İpleri temizlenecek olan elbiseleri aralarında paylaştılar.

Semra'nın annesine, aldıkları işi yarın sabah erkenden getireceklerine söz verdiler.

Esra akşama kadar kendi payına düşen işi bitirdi. Sonra Aslılara gitti ve Aslı'ya işini bitirip bitirmediğini sordu. Aslı akşama kadar oyun oynamıştı ve çok yorgundu. Elbiseleri temizleyememişti. Esra buna çok üzüldü. Çünkü yarın Semra'nın annesi zor durumda kalabilirdi.

Arkadaşlar sizce;

- Esra ve Aslı'nın kendisine yardım edeceğini öğrenen Semra ne hissetmiş olabilir?
- Semra'nın annesi elbisenin bitmediğini öğrenince ne düşünür?
- Aslı'nın önce söz verip sonra bunu yerine getirmemesi nasıl bir davranıştır?
- Esra şimdi ne yapmalı?

Aşağıdaki seçenekleri okuyarak Esra'nın hangi davranışının hangi sonucu doğurabileceği üzerinde düşünelim.

1. seçenek: Esra ipleri temizlenmeyen elbiseyi alıp Aslı'nın yapması gereken işi üstlenirse ne olur?

2. seçenek: Esra işi bitmemiş elbiseyi alıp Semralara götürürse ne olur?

1. seçeneği tercih ettiyseniz; Esra elbiseyi eve götürür, annesinin yardımıyla elbiselerin iplerini temizler. Ertesi gün Semra bu davranışından ötürü Esra'ya teşekkür eder. Aslı da bir daha böyle bir sorumsuzluk yapmayacağına söz verir.

2. seçeneği tercih ettiyseniz; Semra elbiselerden bazılarının iplerinin hâlâ temizlenmediğini görünce çok üzülür. Arkadaşlarına güvenerek annesini zor durumda bıraktığına pişman olur.

MATEMATİK ÖDEVİ

Pembe ile Gülce o hafta sonu amcalarına gitmek istiyorlardı. Bunun için ödevlerini bitireceklerine dair annelerine söz verdiler. Gülce ödevlerini hemen yapmaya koyuldu. Pembe ise amcasına giderken giyeceği kıyafete karar vermeye çalışıyordu. Birden ne kadar çok vakit kaybettiğini fark etti ve derhal ödevinin başına geçti. Fakat az sonra babası onları amcalarına götürmek için eve geldi. Pembe daha matematik ödevine başlamamıştı bile! Annesine gidip "Anneciğim, ödevimi henüz bitiremedim. Ama pazar akşamı yapacağıma söz veriyorum." dedi.

Pembe ile Gülce, amcalarında çok keyifli bir hafta sonu geçirdiler. Pazar akşamı eve döndüklerinde çok yorgunlardı. Çünkü bütün gün koşturmuş, oynamış, eğlenmişlerdi. Pembe hemen odasına gidip geceliğini giydi. Zahide nine, Pembe'nin yanına geldi ve "Pembeciğim, ödevini bitirdin mi?" diye sordu. Pembe ödevini tamamen unutmuştu. Üzülerek, "Ah nineciğim! Ödevimi keşke bitirseydim. Şimdi bu kadar yorgunken ödev yapmam çok zor olacak." dedi. Ama çaresiz masanın başına oturdu ve ödevini bitirdi. Zahide nine geç de olsa sorumluluğunu yerine getirdiği için Pembe'yi tebrik etti ve ona bir hikâye anlatmaya başladı:

"Eski zamanlarda Mahmut Efendi adında bir bakkal yaşarmış. İşini iyi bilir, hesabını iyi tutar, borçluyu, alacaklıyı defterine not etmeyi hiç unutmazmış. Mahmut Efendi'nin bir de oğlu varmış. Mahmut Efendi, oğlunun sorumluluk sahibi iyi bir bakkal olmasını istiyormuş. Gel gör ki oğlu umursamaz biriymiş.

Bir gün Mahmut Efendi oğluna 'Çarşıda işim var. Ben dönene kadar dükkâna göz kulak ol. Müşterilerle ilgilen. Sattığın malları, aldığın paraları yaz. Parasını sonra vermek isteyen müşterilerin isimlerini de deftere kaydet.' demiş ve dükkânı oğluna bırakıp gitmiş.

Az sonra müşteriler gelmeye başlamış. Oğlan bir sürü mal satmış. Ama ne sattığı malları yazmış, ne aldığı paraları... 'Birazdan yazarım.' diyerek hep ertelemiş. 'Parasını sonra veririm.' diyerek mal alan müşterilerin isimlerini de aklımda tutarım sanmış ama unutmuş.

Çok geçmeden Mahmut Efendi dükkâna gelmiş. İşlerin karıştığını anlayınca oğluna, 'Bu gece oturup bütün malları sayacaksın. Paralarını hesaplayacaksın. Kasadaki parayı da sayıp eksikliği tespit edeceksin.' demiş.

Oğlan o gece sabaha kadar uğraşmış. Gün doğarken hesabı bitirmiş. Çok yorulmuş ama bu sayede ertelenmiş işlerin nasıl yük olduğunu anlamış."

Zahide nine hikâyeyi bitirdiğinde Pembe uyumak üzereydi. "Çok doğru nineciğim." dedi. "Ben de bundan sonra işlerimi hep zamanında yapacağım."

Eğer Sorumluluk Sahibi Olursak...

Çalışkan ve başarılı bir insan oluruz. Sorumluluk sahibi insanlar, üzerlerine düşen görevi en iyi şekilde yerine getirmek isterler. Bunun için çok çalışır, başarılı olurlar. Örneğin, Didem derslerini aksatmadan çalışan bir öğrenciydi ve karnesindeki notlar her zaman çok yüksek olurdu.

Hayatımız düzenli olur. Mesela, kendi bakımımızla ilgili sorumluluklarımızı yerine getirirsek sağlıklı bir insan oluruz. Yediğimiz yiyeceklerin temizliğine dikkat edersek, dengeli beslenirsek sık sık hasta olmayız.

Sorumluluklarımızı yerine getirdiğimizde kendimizi iyi hissederiz. Örneğin, bitirdiğimiz ödevleri öğretmene gösterirken içimiz rahat eder.

Hem kendimize hem de başkalarına saygılı davranmış oluruz. Örneğin, bir kişinin vücudunun temizliğini zamanında yapması hem kendisine hem de başkalarına karşı saygılı olduğunu gösterir.

Kendi üstümüze düşen görevleri yerine getirdiğimiz için kimseye yük olmayız. Herkes görevini yerine getirdiği zaman kimse başkasının işini yapmak zorunda kalmaz.

Bütün insanlar kendi sorumluluklarına dikkat ederlerse toplumda düzen olur. Yaşadığımız çevrede karışıklık ortaya çıkmaz. Sözgelimi sınıfta hepimiz kullandığımız araç gereçleri yerli yerine koyarsak sınıfımız düzenli olur.

Eğer Sorumluluk Sahibi Olmazsak...

Başarılı olamayız. Sorumluluklarını yerine getirme alışkanlığı olmayan insanlar zamanla tembelleşir. Yapmaları gereken işler gözlerinde büyür. İşlerini zamanında yapmadıkları için zorlanırlar. Bu kişilerin işin sonunda başarılı olmaları da zordur.

İnsanlara hep yük oluruz. Başkaları bize ait olan işleri yüklenmek zorunda kalabilir.

Hayatımızı düzene koymamız zorlaşır. Örneğin, dişlerimizi zamanında fırçalamazsak ileride dişlerimiz çürür ve ağrır. Dolabımızı toplamazsak, aradığımız eşyayı bulmakta zorlanırız. İşlerimiz bu karışıklık yüzünden hep uzar.

Kendimize ve başkalarına saygısızlık etmiş oluruz. İnsan eğer doğru davranışlar ortaya koymazsa, bu kendisine de saygısızlık ettiği anlamına gelir. Mesela, Serdar trafik ışıklarına dikkat etmiyordu. Böylece hem ışıklara dikkat eden insanlara saygısızlık etmiş oluyor hem de kurallara uymayan bir insan olmakla kendisine saygısızlık ediyordu.

Üstlendiğimiz sorumlulukları yerine getirmezsek huzursuz oluruz. Örneğin, bir arkadaşımıza verdiğimiz sözü tutmazsak arkadaşımızın üzüleceğini bildiğimiz için kendimizi kötü hissederiz.

YAZAR OLMAK İÇİN...

Önemli yazarlarımızdan Ahmet Mithat, zeki bir çocuktu. Fakat babası yeteri kadar parası olmadığı için onu okula gönderemiyordu. Ahmet Mithat'ın bütün gün evde canı çok sıkılıyordu.

Babası onu çırak olarak bir işe yerleştirmeyi düşündü. Sonunda bir aktar dükkânıyla anlaştı. Burası çeşitli ot, baharat ve ilaçların satıldığı bir dükkândı.

Ahmet Mithat artık burada çalışıyordu. Güneş doğmadan gelip dükkânı temizliyordu. Bir yandan da ustasından baharatların isimlerini, faydalarını öğreniyordu. Sorumlulukларını en doğru şekilde yerine getirmeye çalışıyordu.

Ahmet Mithat arkadaşları gibi okuyup yazmayı çok istiyordu. Derken komşu dükkânın sahibi olan bir amcadan okuma yazma dersleri almaya başladı. Artık gündüz dükkânda iş yapıyor, akşamları da evde ders çalışıyordu. Derslerine düzenli çalıştığından hiç zorlanmıyordu. Ancak hem dükkânda hem de evde çalışmaktan yoruluyordu. Ama hiç şikâyet etmiyordu.

Büyüdüğünde yazar olmayı hayal ediyordu. Bu yüzden tembellik yapmadan, hiç üşenmeden sürekli çalışıyordu. Yıllar sonra bu hayali gerçek oldu. Herkesin çok sevdiği romanlar ve hikâyeler yazdı.

Köpek Karavita

Karavita küçük bir köpek yavrusuydu. Annesi ve kardeşleriyle beraber bir kulübede yaşıyordu. Köpek ailesi buldukları kemikleri yuvaya getirip saklıyordu. Böylece hiçbir zaman aç kalmıyorlardı. Fakat kemiklerin çalınmaması için aile bireylerinden biri her gün kulübede nöbet tutmak zorundaydı. Bugün nöbet sırası Karavita'daydı.

Annesi, Karavita'ya kulübeden kesinlikle ayrılmamasını sıkı sıkı tembih etti. Sonra diğer yavrularıyla beraber yeni kemikler bulmaya gitti.

SORUMLULUK - ETKİNLİK

Karavita bir süre sonra beklemekten sıkıldı. Bu sırada iki arkadaşı yanına geldi. Oynamak için onu dışarı çağırdılar.

Karavita onlara yuvasında kalması gerektiğini söyledi. Fakat arkadaşları "Merak etme, annenler gelmeden önce döneriz. Hem kimse gelip kemiklerinizi almaz ki!" dediler. Karavita'nın aklı karıştı. Arkadaşlarıyla oynamak istiyordu. Ama annesine kulübeden ayrılmayacağına söz vermişti. Karavita düşündü taşındı, sonunda bir karar verdi... İçi rahatlamıştı.

Sizce Karavita ne karar vermiştir?

Hangisi Daha Sorumlu?

Sizce resimlerdeki çocuklardan hangileri daha sorumluluk sahibidir?

Arkadaşlar misketlerimi bugün bana geri verecektiniz. Getirdiniz değil mi?
Ben getirdim Selçuk, teşekkür ederim.
Aaaa ben unutmuşum. Neyse yarın getiririm…

Sizce Hangisi?

Aşağıdakilerden hangisi bir çocuğun sorumluluğu değildir?

a. Odasını toplamak.

b. Annesi ya da babası yardım istediğinde yardım etmek.

c. Televizyon, bilgisayar gibi araçları kullandıktan sonra kapatmak.

d. Yemek yapmak.

Öykü Yazma Oyunu

Aşağıdaki noktalı yerlere uygun kelimeleri yazarak hikâyeyi tamamlayınız.

Şirin'in annesi resim öğretmeniydi. O gün evde öğrencilerinin yaptığı resimleri .... Şirin, annesinin yanına gelerek ona yardım etmek istediğini söyledi. Annesi ise bu işin kendi..................olduğunu, ama isterse gidip odasını .... söyledi. Şirin odasını .... O sırada babası iş yerinde .... Akşam olduğunda babası eve geldi. Eve gelirken her zaman olduğu gibi fırına uğramış, ... almıştı. Şirin, annesi ve babası hep birlikte sofrayı .... Sonra beraberce oturup yemek yediler.

Renkli Eller

Bu etkinliği bir büyüğünüzden yardım alarak yapınız.

Malzemeler: Renkli karton, keçeli kalem, paket lastiği ve makas.

Renkli kartonu büyükçe bir el şeklinde keselim. El şeklinin avuç kısmına, günlük sorumluluklarımızı, her bir parmağına da hafta içi günleri yazalım. Parmakların arkasına da gülen bir güneş resmi çizelim. Şeklimizin bilek kısmına bir paket lastiği takalım. Her biten günün sonunda, sorumluluklarımızı yerine getirmişsek o günün parmağını çevirip bilek kısmındaki lastiğe iliştirelim. Beş günün sonunda tüm parmaklar lastiğe tutturulduğunda ortaya daha önce çizdiğimiz güneş resmi çıkacaktır. İşte güneş sorumluluklarımızı yerine getirdiğimiz için bize gülümsüyor.

'Bil Bakalım?' Oyunu

Bu oyunu bir büyüğünüzün gözetiminde oynayın.

Bu oyun üç-dört çocukla oynanır. Küçük kâğıtlara meslek isimleri yazılır. Bu kâğıtlar oyunculara aynı miktarda dağıtılır. Oyuna başlayan çocuk elindeki kâğıtlardan birini sağ tarafındaki arkadaşına gösterir. Ondan kâğıtta yazan mesleği yapan kişinin sorumluluklarından üç tanesini saymasını ister. Sağ taraftaki oyuncu üç görev söyleyebilirse üç, daha az söylerse söylediği sorumluluk adedince puan kazanır. Sonra kendisi sağ tarafındaki arkadaşına elindeki kâğıdı gösterir. Oyun böylece devam eder. Kâğıtlar bittiğinde kim en çok puan kazanmışsa o birinci olur.

Kâğıtlara yazılabilecek mesleklerden bazıları: Doktor, mühendis, tamirci, hemşire, öğretmen, bilim adamı, öğrenci, taksi şoförü, polis, asker, dişçi, veteriner, hâkim

Sorumluluk Kulübü

Sınıf içinde bu kulübe üye olacak gönüllüler belirlenir. Kulüp üyeleri sorumluluk alabilen, görevlerini aksatmayan öğrenciler olmalıdır.

Üyeler sınıf içi işlerle ilgili görev paylaşımı yaparlar. Ayrıca ödev kontrolü, çevre temizliğinin denetlenmesi, araç gereçlerin yerli yerinde kullanımını kontrol gibi bazı sorumluluklar alırlar. Kulüp üyesi olsun olmasın, sınıf içinde görevini en iyi şekilde yapan öğrenciyi belirler ve ödüllendiririrler.

Örneğin, Aslı, öğretmenin kendisine verdiği kitaplığı düzenleme görevini özenle yerine getirmiştir. Kulüp üyeleri Aslı'nın resmini sorumluluk sahibi öğrenci olarak sınıf panosuna asarlar. Böylece diğer öğrenciler de sorumluluklarını en iyi şekilde yerine getirmeleri için teşvik edilmiş olur.

Ayrıca sınıftaki bütün öğrencilerin sırasıyla bir gazete veya dergi alıp birlikte okumaları istenir. Eğitici ve eğlendirici CD izleme saati belirlenir. Araç gereç temin etme, sınıfta görev ve sorumlulukların belirlendiği bir çizelge hazırlama etkinlikleri yapılır. Sorumluluk kulübü üyeleri duvar gazetesinin bir sayısını 'sorumluluklarımız' konusuna ayırır ve bu konuyla ilgili anı, hikâye ve resim yarışması düzenlerler.

Jüri (Jüri adalet veya doğruluk kulübü üyelerinden seçilebilir.) birinciyi seçer ve ödüllü eser sınıf gazetesinde ilan edilir.

Düzensizlikleri Bulma Oyunu

Bu oyun, öğretmen eşliğinde sınıfça oynanır. Öğretmenin seçeceği bir kişi ebe olur ve sınıftan dışarı çıkarılır. Ebe dışarıdayken öğrenciler sınıf içinde bazı değişiklikler yaparlar. Bunlar görevler yerine getirilmediğinde ortaya çıkan düzensizliklere ilişkindir. Örneğin, tebeşirler pencerenin önüne bırakılır, kâğıt çöpler, çöp kutusunun dışına atılır. Sıranın üstüne orada olmaması gereken eşyalar konulur vb.

Sınıfa çağrılan ebeden içerideki düzensizlikleri bulması istenir. Düzensizlikler bulunduktan sonra ebeye bunların hangi görevlerin ihmali sonucunda oluştuğu sorulur. Diğer öğrencilerle oyuna devam edilir.

Düzensizlikleri en doğru şekilde bulan ve sebebini söyleyen öğrenci oyunun birincisi ilan edilir.

'Sorumluluğu Ne?' Oyunu

Sınıfta arkadaşlarımızla birlikte "Okuldaki görevlilerin sorumlulukları nedir?" diye düşünelim. Bunun için önce okuldaki görevlileri belirleyelim: Okul müdürü, müdür yardımcısı, öğretmen, hizmetli...

Görevlilerin karşılarına sorumluluklarını yazalım.Sonra bu kişiler sorumluluklarını yerine getirmezlerse ne gibi karışıklıklar çıkabileceği üzerine hep beraber konuşalım. Benzer bir çalışmayı farklı kurumlara göre de yapabiliriz.

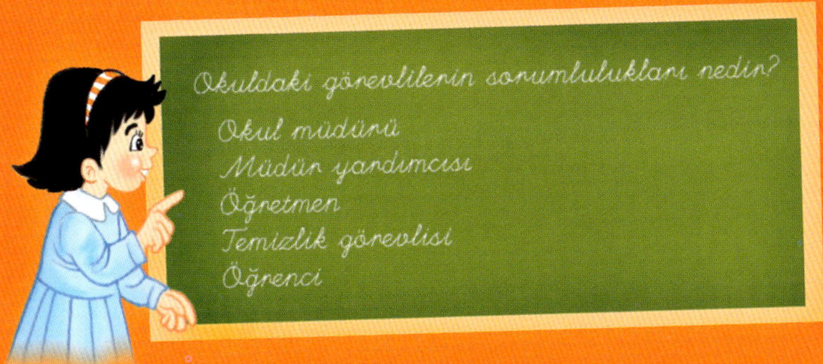

Ödünç Kitap

Öğrencilerden bir grup aşağıda anlatılan olayı rol paylaşımı yaparak dramatize eder. Daha sonra sınıfta olay üzerinde tartışılır.

Öğretmeni, Merve'ye sınıf kitaplığının sorumluluğunu vermiştir. Merve'nin görevi kitapları düzenlemek ve ödünç verilen kitapları takip etmektedir. Bunun için kitapları kimlere verdiğini kaydetmektedir. Arkadaşı Gül, aldığı kitabı bir hafta geçmesine rağmen geri getirmez. Merve arkadaşına hatırlattığı hâlde Gül kitabı getirmeyi unutur. Ancak Merve, Gül arkadaşı olduğu için, kitaplığa ait bir kitabın Gül'de olduğunu öğretmenine söylemez. Kayıt defterine kitabın karşısına "geri verildi" yazar. Gül, nasıl olsa kitabı geç de olsa getirecektir.

Tartışılması gereken konular:

- Gül'ün kitabı zamanında getirmemesi nelere yol açar? (Aynı kitabı okumak isteyen başka bir öğrenciye engel olmak vb...)
- Kitap geç de olsa geri verilse bile Merve üstlendiği sorumluluğunu yerine getirmiş midir? Yoksa yetkisini kötüye mi kullanmıştır?
- Sorumlu bir kişi olarak Merve'nin bu durumda ne yapması gerekiyordu?

Kim Düzenli?

Bu etkinliği öğretmeninizin gözetiminde yapınız.

Sınıftan iki öğrenci seçilir. Örneğin, Ahmet ile Gül. Her ikisi de önceden nasıl davranmaları gerektiği konusunda bilgilendirilir. Bu etkinlikte amaç, üstlendiğimiz işleri zamanı doğru kullanarak en iyi şekilde yapmayı öğrenmektir.

İki sıranın üzerine karışık bir şekilde kitaplar, kalemler, kâğıt parçaları, açılmış kalem ucu artıkları vs. konur. Beş dakika süre verilerek iki öğrenciden de masalarını düzeltmeleri istenir.

Ahmet, süre başlar başlamaz işe koyulur. Masasını gerektiği gibi düzenler ve süre bitmeden işini bitirir.

Gül ise süre başlayınca uzun müddet sırasında boş boş oturur. Süresinin bitmesine yakın aceleyle işe koyulur. Fakat zamanı az olduğu için eli ayağına dolaşır. Hiçbir şeyi düzgün yerleştiremez. İşini bitiremeden süre dolar.

Süre bitiminde izlenen olay hakkında sınıfta konuşulur.

"Gördünüz mü arkadaşlar, Ahmet erteleme-den işe koyuldu. İşlerini belli bir sıraya göre yaptı. Masasını düzenlemeye vaktinde başladı-ğı için işini rahat rahat bitirdi. Oysa Gül geç başladığı için işini zamanında bitiremedi. Ace-le ettiğinden yaptığı işler de dağınık oldu.

Arkadaşlar! Ödevlerimizi geciktirmeden yap-maya, sınavlara vaktinde çalışmaya özen gös-terelim. Eğer her işimizi planlı yaparsak, zama-nın yetersizliği gibi bir sorun yaşamayız. İşimizi bitiremiyoruz diye endişelenerek ümitsizliğe düşmeyiz." diyerek etkinlik tamamlanır.

KUKLA GÖSTERİSİ

Kukla gösterisi için evimizde bulunan oyuncak bebeklerden yararlanabiliriz. Ayrıca hazır el kuklalarından da faydalanabiliriz.

Gösteriyi yapacak olan kişi, kuklaları eline alıp bir sıranın arkasına gizlenerek oturur. Kollarını kuklaların görünebileceği biçimde masanın üzerinde tutar ve kuklaları konuşturmaya başlar. Gösteriyi yapan kişi her iki kuklayı ayrı ses tonuyla seslendirmelidir.

(Kuklalarımız Bıcırık ve Bücürük daha önceden masanın üzerine bırakılmış legolarla oynamaktadırlar. Aralarında şöyle bir konuşma geçer):

Bıcırık: İyi ki bugün bize geldin Bücürük.

Bücürük: Evet iyi ki gelmişim. Ne güzel eğlendik.

Bıcırık: Biraz da körebe oynayalım mı?

Bücürük: Olur, ama önce oyuncakları toplayalım.

Bıcırık: Ya boş ver! Sonra toplarız. Şimdi ben ebeyim, tamam mı?

Bücürük. Tamam, sen bilirsin.

Bıcırık: Bak gözlerimi kapatıyorum. Bana ses ver, seni yakalayayım.

(Bu sırada kuklaları tutan kollar masanın üzerinde dolaştırılır. Bücürük'ü yakalamaya çalışan Bıcırık yerdeki oyuncaklardan birinin üzerine basar.)

Bıcırık: Ayy!

Bücürük: Ne oldu?

Bıcırık: Ayağıma bir şey battı. (Gözlerini açmış gibi yapar, legoya bakar.) Kim koydu bunu benim ayağımın altına?

Bücürük (Şakacı bir şekilde): Bilmem, legoya bir soralım istersen. Belki de kendisini ayağının altına atmıştır.

Bıcırık: Lego nasıl konuşsun, nasıl gelsin ayağımın altına!

Bücürük (Bilmiş bilmiş cevap verir): Legolar senin ayağının altına gelemiyorsa, kendi kendilerine oyuncak sepetine de gidemezler, değil mi?

Bıcırık: Nasıl yani?

Bücürük: Diyorum ki sakın legolar ayağına değil de ayağın yerdeki legoların üstüne gelmiş olmasın? Oyuncakları toplasaydık yerde ayağına batacak bir şey de olmayacaktı.

Bıcırık: Haklısın, hadi toplayalım şunları.

(Bıcırık ve Bücürük birlikte legoları toplarken gösteri bitirilir.)

Kukla gösterisi üzerinde sınıfta konuşulur.

Bitirirken...

Aşağıdaki soruları bu kitaptan öğrendiğiniz bilgilerden faydalanarak cevaplayınız.

- Sorumluluk nedir?

....

....

- Sizin sorumluluklarınız neler? Gerektiği gibi yerine getiriyor musunuz?

....

....

....